# Sevilla

## Der praktische Reiseführer
## für Ihren Städtetrip

Eingang zur Antigua Fábrica de Tabacos (Alte Tabakfabrik)

# Was dieser Reiseführer zu bieten hat

Der Altstadt-Rundgang mit genauer Wegebeschreibung, den wir für Sie zusammengestellt haben, bringt Sie in logischer Reihenfolge zu den angesagten Sehenswürdigkeiten. So wird es Ihnen leichtfallen, sich in Sevilla zurechtzufinden.

Viele Tipps und die wichtigsten Adressen, Links und Telefonnummern ersparen Ihnen bereits in der Vorbereitungsphase für Ihren Städtetrip mühevolles Recherchieren. Besondere Museen und Festivals finden ebenso Erwähnung wie Parkmöglichkeiten, regionale Spezialitäten, Hinweise für Rollstuhlfahrer, Camper oder Hundebesitzer. Hotels oder Restaurants werden nicht empfohlen.

Da sich Preise und Öffnungszeiten touristischer Einrichtungen jederzeit ändern können, geben wir Links oder Telefonnummern an, damit Sie sich selbst erkundigen können.

**Tipp**: Lesen Sie die informativen Artikel am Ende dieses Reiseführers bereits vor Abreise, damit Sie sich auf die örtlichen Gegebenheiten einstellen können und vor unangenehmen Überraschungen sicher sind.

# INHALTSVERZEICHNIS:


**ALLGEMEINES** ...................................................................6

**GESCHICHTE IN KÜRZE** ...............................................8

    RUNDGANG SEVILLA ................................................ 14

**PLAZA DE ESPAÑA UND MARIA LUISA PARK** ..........................17

**NÄHKÄSTCHEN DER KÖNIGIN – COSTURERO DE LA REINA (INFOZENTRUM)** ...............................................20

**TORRE DEL ORO – (GOLDTURM)** .....................................21

**REAL MAESTRANZA DE CABALLERÍA – (STIERKAMPFARENA)** ....23

**AYUNTAMIENTO (RATHAUS) UND PLAZA DE SAN FRANCISCO** .26

**PARASOL METROPOL** ...............................................28

**CASA DE PILATOS** ..................................................29

**BARRIO DE SANTA CRUZ (ALTSTADTVIERTEL SANTA CRUZ)** ......31

**CASA DE MURILLO** .................................................33

**KATHEDRALE UND GIRALDA-TURM** ................................34

**ARCHIVO GENERAL DE INDIAS** ....................................37

**REALES ALCÁZARES – DER KÖNIGSPALAST** .....................38

**ANTIGUA FÁBRICA DE TABACOS** ...................................40

    EIN ZWEITER UND DRITTER TAG IN SEVILLA ................................. 45

**MUSEO DE BAILE FLAMENCO** .....................................45

    INFOS, WICHTIGE ADRESSEN, SIGHTSEEING UND MEHR ....................... 46
        *Touristenauskunft* ................................................ 46
        *Sevilla Card* ....................................................... 47
        *Autofahren, Wohnmobile & Parken* ..................................... 48
        *Parken für PKW* .................................................... 49
        *Parken für Wohnmobile und -anhänger* .......................... 50
        *Öffentlicher Verkehr* .............................................. 52

Taxi .................................................................................. 53

**SIGHTSEEING MIT BUS, SCHIFF, KUTSCHEN, FAHRRÄDER UND ROLLER** ......................................................................... 54

**SEVILLA FÜR BEHINDERTE MENSCHEN** ............................ 57

**SEVILLA MIT HUND** ......................................................... 59

MUSIK UND FESTE ............................................................... 61
    Cabalgata ..................................................................... 61
    Semana Santa – von Palmsonntag bis Ostersonntag ......... 61
    Die Feria de Abril ......................................................... 63
    Fronleichnam ............................................................... 65
    Seises – singende und tanzende Knaben ......................... 65
    Bienale de Flamenco ..................................................... 66
SONSTIGES ......................................................................... 67
    Internetcafés & WLAN, Strom ....................................... 67
    Telefon & Handy ........................................................... 67
    Klima & Reisezeit ......................................................... 68
    Währung und Bank ....................................................... 69
    Einkaufen und Souvenirs ............................................... 70
    Öffnungszeiten ............................................................. 71
    Essen und Trinken ........................................................ 72
    Einreisebestimmungen und Zoll ..................................... 73
    Zollbestimmungen ........................................................ 74
WAS TUN WENN ...? ........................................................... 76
TELEFONNUMMERN UND ADRESSEN FÜR ALLERHAND NOTFÄLLE ............ 76
    Autopanne ................................................................... 77
    Falls Ihre Geldkarte verloren ging ................................. 78
    Im Krankheitsfall ......................................................... 79
    Konsulate ..................................................................... 79

**NÜTZLICHE VOKABELN** ...................................................... 81

    Weitere Bücher aus unserem Verlag ............................... 82

## Allgemeines

Sevilla, die Hauptstadt der autonomen Region Andalusien und der Provinz Sevilla, ist die viertgrößte Stadt Spaniens. Guapa – übersetzt 'du Hübsche' - nennen die Einheimischen ihre Stadt liebevoll, die als Zentrum des Stierkampfs und des Flamenco gilt. Sie bietet Besuchern nicht nur eine Menge an Kultur und Geschichte, sondern auch Feste, Folklore und buntes Treiben in einer Vielzahl von Bars, Restaurants und Kneipen, von denen die meisten bis in die frühen Morgenstunden geöffnet haben.

Sevilla gilt als heißeste Stadt Europas. Zur Mittagszeit sind mehr als 40° Celsius keine Seltenheit. Dann ziehen sich die Einwohner zur Siesta zurück. Doch ansonsten spielt sich das Leben hauptsächlich draußen ab.

Zu den schönsten Vierteln zählt zweifelsohne Barrio Santa Cruz. Es liegt im historischen Zentrum Sevillas, das früher einmal das Viertel der Mauren und Juden war. Wenn man in den engen, schattigen und verwinkelten Gassen spaziert, kann man hie und da einen Blick auf blumengeschmückte Innenhöfe erhaschen. Entlang der breiteren Straßen wachsen, wie anderenorts Platanen, Orangenbäume - und so liegt, wenn sie blühen oder die Früchte reifen, ein herrlicher Duft über Sevilla. Nur essen kann man diese Orangen nicht, auch wenn sie noch so verlockend aussehen, denn es handelt sich um eine robuste, bittere Sorte, die sich zudem mit Abgasen vollgesogen hat.

Durch die Stadt fließt der Guadalquivir – der einzig schiffbare Fluss Spaniens. Ehemals mündete er bei Sevilla in einen großen Binnensee, der jedoch längst versandet ist. Die zahlreichen öffentlichen Brunnen Sevillas werden jedoch nicht durch den Fluss, sondern durch ein antikes Aquädukt gespeist, das aus 410 Bögen besteht und bereits von Julius Caesar erbaut wurde.

Zu den berühmten Söhnen und Töchtern der Stadt zählen unter anderem Ministerpräsident Felipe González Márquez, die Schauspielerin Paz Vega und die Fußballspieler José Mari und Antonio José Puerta Pérez. Letzterer erlitt am 25.August 2007 beim ersten Saisonspiel gegen den FC Getafe einen Herz-Kreislauf-Stillstand, wurde reanimiert, verstarb drei Tage später aber doch. Auch der Stierkämpfer Juan Belmonte García (1892 bis 1962) kam aus Sevilla. Er zählt zu den bedeutendsten Toreros des beginnenden 20. Jahrhunderts, wurde häufig sogar als bester Torero aller Zeiten bezeichnet, und prägte zusammen mit seinem großen Rivalen José Gómez Ortega, der ebenfalls aus der Umgebung von Sevilla stammte, das Goldene Zeitalter des spanischen Stierkampfes.

Auch drei legendäre Figuren aus der Opernwelt sind mit Sevilla verbunden. Der Barbier von Sevilla, der Herzensbrecher Don Juan (Don Giovanni bei Mozart) und die schöne und rassige Carmen, die nach einer Novelle Prosper Merimées den Männern den Kopf verdrehte und später Titelfigur der Oper 'Carmen' wurde. Ihr Schöpfer ließ sie in der alten Tabakfabrik arbeiten, in der heute Teile der Universitätsverwaltung untergebracht sind.

## Geschichte in Kürze

Der Legende nach wurde Sevilla von dem griechischen Helden Herakles gegründet. Mit sechs Pfeilern, heißt es, hat er die Grenzen festgelegt, auf denen der römische Feldherr Julius Caesar die Stadt später erbaute. Hintergrund dieses Mythos ist vermutlich die Tatsache, dass Iulia Romula Hispalis, wie Caesar die Stadt benannte, in der römischen Geschichte zum ersten Mal erwähnt wurde, als ihr der große Feldherr den Status einer Kolonie verlieh.

Doch Sevilla war bereits vor der Ankunft der Römer ein wichtiges Handelszentrum, denn schon die Phönizier hatten sich im Jahre 800 v. Chr. in der fruchtbaren Ebene an den Ufern des Flusses Guadalquivir niedergelassen. Und wieder rankt sich eine Legende um die tatsächlichen Begebenheiten. Sie erzählt, dass der Fluss einst den Namen Tartesio trug und seine Anwohner, Tartesser genannt, die Hauptstadt des sagenhaften Reiches Tartessos gründeten – das heutige Sevilla eben.

Aber auch Escipión, ein römischer General, wird als Stadtgründer angegeben. Zu Zeiten des punischen Krieges erreichte er das Land, besiegte Asdrúbal und, so kann man nachlesen, gründete die Stadt.

Ab 43 v. Chr. wurde 'Hispalis' zur Hauptstadt der Region und zur Kolonie Roms mit allen Rechten einer römischen Stadt. Damit entwickelte sie sich zum politischen, wirtschaftlichen und verwaltungsmäßigen Zentrum des Südens der iberischen Halbinsel. Als im 4. Jahrhundert n.Chr. das Christentum legalisiert wurde und im 5. und 6. Jahrhundert die Westgoten und die Sweben (es handelt sich um einen Volksstamm, der östlich des Mittelrheins und nördlich des unteren Maingebietes gelebt haben soll) in Hispalis einfielen, wurde die Stadt zum Bischofssitz. Unter ihrer Herrschaft erlebte sie erneut eine Blütezeit. Gegen Ende des 6. Jahrhunderts wirkte Isidor von Sevilla in der Stadt, der als letzter großer Gelehrter der Antike und zugleich als erste des Mittelalters gilt.

Den Westgoten und Sweben folgten die Araber, die im Jahre 711 einfielen. Wieder brach eine neue Zeit an, und es kam zu einschneidenden Veränderungen auf der gesamten iberischen Halbinsel, ganz besonders aber der südlichen Region, wo sich ihre Herrschaft am längsten hielt. Isbilia, so der arabischer Name für Sevilla, entwickelte sich unter islamischer Herrschaft zu einer blühenden Stadt, in der Juden, Christen und verschiedene arabische Völker friedlich zusammenlebten.

Unter Al-Mutamid, ab 1069 dritter und letzter Herrscher des Emirats Sevilla aus der Abbadiden-Dynastie, wurde die Region zunächst zum mächtigsten und bedeutendsten der Taifa-Reiche in al-Andalus. Doch dann gelangte sie, wie auch die anderen verbliebenen Emirate, unter die Herrschaft der Almoraviden, und Al-Mutamid musste das Land verlassen.

Im 12. Jahrhundert wurde Isbilia von den Almohaden, einer muslimischen Berber-Dynastie, erobert und gewann abermals seine verlorene Pracht zurück. Am 23. November 1248 gelang es Fernando III. von Kastilien, genannt der Heilige, nach mehrmonatiger Belagerung die Moslems zu vertreiben. Damit erhielten Stadt und Region ihren heutigen Namen. Kastilier, Juden und Hebräer wanderten ein und errichteten das bekannte Judenviertel. Kleine Schlösser, Herrenhäuser, Kirchen und Klöster entstanden. Der Alcázar wurde zur Residenz der christlichen Könige, und Sevilla erlebte wiederum eine Blütezeit.

Im 16. und 17. Jahrhundert erhielt die Stadt mit der Eroberung Amerikas internationale wirtschaftliche Bedeutung, denn sie wurde zum Hauptumschlagplatz des spanischen Seehandels. Kolumbus, Amerigo Vespucci und Ferdinand Magellan brachen von einem Hafen bei Sevilla zu ihren Entdeckungsreisen auf und legten später, als sie mit Gold und Silber aus der Neuen Welt zurückkehrten, wieder dort an.

Doch bei Gold, Silber, Gewürzen und anderen Kostbarkeiten blieb es nicht. Die Eroberung der Neuen Welt brachte auch den Sklavenhandel mit sich, und so wurden die Stufen rund um die Kathedrale zum Sklavenmarkt. Neben Lissabon war Sevilla der wichtigste

Umschlagplatz für Afrikaner, Ureinwohner der Kanarischen Inseln und Indios aus Mittelamerika. Auch in Sevilla selbst wurden Sklaven gehalten. Im Jahre 1565 war jeder Vierzehnte der knapp neunzigtausend Einwohner ein Sklave. Eine der ältesten Karwochen-Bruderschaften, die Los Negritos (kleine Neger), wurde Mitte des 16. Jahrhunderts von schwarzen Sklaven gegründet.

Doch aufgrund des Spanischen Erbfolgekrieges und wegen der zunehmenden Versandung des Guadalquivir, verlor Sevilla 1717 das transatlantische Handelsmonopol an Cádiz. Davon erholte sich die Stadt nie mehr wirklich.

In der Hoffnung, die Handelsbeziehungen mit den südamerikanischen Ländern erneut aufblühen zu lassen, eröffnete man 1929 die Ibero-Amerikanische Ausstellung. So prachtvolle Bauwerke wie die Plaza de España entstanden nur zu diesem Zweck. Die Stadt wurde an eine Bahntrasse für Hochgeschwindigkeitszüge nach Madrid angeschlossen, Autobahnen wurden gebaut, der Flughafen vergrößert – was zwar gut für Sevilla war, doch eine hohe Staatsverschuldung nach sich zog.

Heute ist Sevilla ein wichtiger Industrie- und Handels-
platz und eines der bedeutendsten spanischen Touristenzentren, denn all die erwähnten Kulturen hinter-
ließen ihre Spuren an privaten, öffentlichen und reli-
giösen Gebäuden und machen Sevilla zu einem sehr
sehenswerten Ort.

# **Rundgang Sevilla**

Die Stadt ist gut zu Fuß zu erkunden. Es gibt keine Steigungen, das Zentrum ist größtenteils Fußgängerzone. Doch Leider verfügt Sevilla nicht über P & R-Möglichkeiten. Parken im Zentrum ist schwierig und teuer. Wir haben dennoch zwei Parkmöglichkeiten für Sie gefunden, die günstig liegen und bezahlbar sind.

Die Plaza de España gehört zu den Sehenswürdigkeiten, die man auf jeden Fall besucht haben muss. Deshalb beginnen wir unseren Rundgang dort. Wer am Bahnhof, Bushahnhof, Hafen oder Flughafen ankommt, fährt mit dem Taxi (Taxifahren siehe unten) oder mit öffentlichen Verkehrsmitteln zur Plaza de España. Es fahren die Busse C1 oder EA (Sonderbus zum Flughafen). Aussteigen Haltestelle *Prado De San Sebastian*. Vom Bahnhof in die Stadt geht der Bus Nr.32. Wie Sie von den oben genannten Parkmöglichkeiten zur Plaza de España kommen, beschreiben wir weiter unten im Kapitel 'Parken'.

Aber Sie müssen nicht zwingend an der Plaza de España beginnen. Sie können bei jeder der Sehenswürdigkeiten, die wir beschreiben, in unseren Rundgang einsteigen. Dann gehen Sie am Ende des Rundgangs einfach am Anfang weiter, bis Sie wieder dort angelangen, wo Sie den Rundgang begonnen haben.

Achtung! - Die Routen der Verkehrsmittel können sich aufgrund von Baustellen, Verkehr, Wetter oder anderen Ereignissen jederzeit ändern. Erkundigen Sie sich deshalb, bevor Sie einsteigen nach Richtung und Haltestelle zum Aussteigen!

Reihenfolge unseres Rundgangs:

Plaza de España und Maria Luisa Park

Nähkästchen der Königin

Torre del Oro – Der Goldturm

Real Maestranza de Caballería - die Stierkampfarena

Ayuntamiento (Rathaus) und Plaza de San Francisco

Metropol Parasol

Casa de Pilatos

Casa de Murillo

Kathedrale und Giralda-Turm

Archivo General de Indias

Reales Alcázares – Der Königspalast

Antigua Fábrica de Tabacos (Alte Tabakfabrik)

Der gesamte Rundgang beträgt sechs Kilometer. Natürlich können Sie an jeder beliebigen Stelle in unseren Rundgang einsteigen. Dann folgen Sie der Route bis zum Ende und gehen dort ab Beginn weiter.

Wer alles an einem Tag sehen will, kann nur eine oder zwei Innenbesichtigungen vornehmen. Wer zwei Tage Zeit hat, könnte den Rundgang gehen, dabei z.B. Casa de Pilatos und Casa de Murillo besichtigen und sich für den zweiten Tag die Kathedrale und den Königspalast vornehmen.

An zwei Tagen sind also alle Innenbesichtigungen möglich, sofern man entweder die Sevilla-Card hat (kein Anstehen beim Kartenkauf) oder die Geduld aufbringt, an den Kassen lange Wartezeiten auf sich zu nehmen.

# Plaza de España und Maria Luisa Park

Brunnen an der Plaza de España

Mit dem Bau dieses berühmten Platzes, der für die Ibero-Amerikanische Ausstellung erschaffen wurde, hat man im Jahre 1924 begonnen. Er repräsentiert die Architektur Spaniens seiner Zeit. Mehr als tausend Arbeiter waren gleichzeitig an seiner Entstehung beteiligt. Angeblich ließ sich der Architekt Aníbal González bei seinem Entwurf vom Petersplatz in Rom inspirieren. Als er als leitender Architekt zurücktrat, übernahm Vicente Traver seine Aufgaben und stellte den Platz 1929 fertig.

Er misst zweihundert Meter im Durchmesser und symbolisiert in seiner Gesamtheit den Zusammenschluss der südamerikanischen Kolonien durch Spanien. Von den 50.000 Quadratmetern, die die Plaza misst, sind 19.000 bebaut. Teiche wurden angelegt, in denen Fontänen sprühen. Ein 515 Meter langer Wasserkanal schlängelt sich durch die Anlage, der von vier Brücken überspannt wird, die die alten Königreiche Spaniens¬ repräsentieren - Kastilien, León, Aragón und Navarra.

Das Gebäude, das die Plaza in Form eines Halbkreises umfasst, besteht aus Backsteinen und ist mit kunstvollen Marmor und Keramikkacheln verziert. Achtundvierzig eingelassenen Nischen stellen die Provinzen Spaniens dar. Die Mosaike, von denen sie ausgekleidet werden, zeigen Landkarten der Provinzen, historische Begebenheiten sowie die Wappen der jeweiligen Hauptstädte. Die Öffnung des Platzes gibt den Weg zum Fluss frei, auf dem man die Reise nach Amerika antrat.

Der Platz war das kostspieligste Element der Ibero-Amerikanischen Ausstellung. Hier fand die Eröffnungsfeier der Ausstellung statt, an der König Alfonso XIII. teilnahm. Heute ist das Gebäude, das zu den

Wahrzeichen der Stadt gehört, Sitz der Regierung Andalusiens.

> **So gehen Sie weiter:** Verlassen Sie die Plaza España auf der offenen Seite nach Südwesten. Der Weg führt durch den 'Maria Luisa Park'. Wenn Sie ihn immer geradeaus gehen, kommen Sie nach 500 Metern auf die Glorieta los Marineros (kreisrunde Straße). Dort rechts dem Rondell folgen, bis Sie auf den Paseo de las Delicias stoßen. Hier rechts abbiegen. Nach wenigen Schritten erreichen Sie Haus Nr. 9, genannt 'Das Nähkästchen der Königin'.

> Tipp: Wenn Sie aber den Park kennenlernen wollen, was sich unbedingt lohnt, gehen Sie ein wenig im Zick-Zack …

Der an die Plaza de España grenzende **'Maria Luisa Park'** wurde der Stadt Sevilla 1893 von Luisa María Fernanda de Borbón geschenkt, spanische Infantin und Herzogin von Montpellier. Man sieht Alleen und Promenaden, beeindruckende Baumriesen, Wasserkanäle, kleine Plätze mit Figuren, von Kacheln verzierten Springbrunnen und schmucke Gebäude, die ebenfalls im Zuge der Ibero-Amerikanische Ausstellung errichtet wurden.

Hervorzuheben sind der Lotus- und der Ententeich, der Löwen- und der Froschbrunnen und die Plätze Gustavo Adolfo Bécquer, Hermanos Quintero und Infanta María Luisa.

## Nähkästchen der Königin – Costurero de la Reina (Infozentrum)

Das rot und sandfarben gestreifte Gebäude ist einer der 'Pavillons', die für die Expo 1929 errichtet wurden. Er gilt als Vorläufer der Neo-mudéjar-Bauten. Prinzessin María Luisa richtete hier Ende des 19. Jahrhunderts ihren privaten Schneidersalon ein. So erhielt das Gebäude seinen Namen. Von außen wirkt es wie eine Spielzeugburg mit maurischem Einschlag, vor der kleine Jungen mit ihren Raubritterfiguren Rittertourniere nachstellen. 2008 wurde er restauriert und als interaktives Multimedia-Infozentrum (auch in deutscher Sprache) wiedereröffnet. Acht touristische Routen durch die Stadt werden hier vorgestellt.

**Tipp**: Holen Sie sich im 'Nähkästchen' einen kostenlosen Stadtplan.

Adresse: Paseo de las Delicias, 9 / E-mail: costurero-delareina@sevilla.org / http://www.visitasevilla.es/

**So gehen Sie weiter:** Auf dem Paseo de las Delicias in selber Richtung weiter. Nach 700 Metern bei der Brücke die Straße zum Flussufer hin überqueren. Weiter am Ufer entlang, nach 140 Metern erreichen Sie den

## Torre del Oro – (Goldturm)

Der Torre del Oro gehörte einst zur Stadtbefestigung. Er wurde zu Beginn des 13. Jahrhunderts gebaut, um von ihm aus die Hafeneinfahrt zu kontrollieren. Zwei Jahrhunderte später, als Sevilla zu den reichsten Städten Spaniens zählte, benötigte man ein Ort, um all die Reichtümer sicher zu verwahren. Der achteckige Turm am Fluss bot sich an, er musste nur noch verstärkt und als Prestigeobjekt verschönt werden. Also bekam er ein neues 'Outfit' verpasst, wurde teilweise sogar mit goldfarbenen Kacheln verziert.

Man kann den 'Goldturm' besteigen. Von oben hat man einen schönen Blick auf die Altstadt und das Trianaviertel am gegenüberliegenden Ufer. Auch ein Schifffahrtsmuseum ist im Turm untergebracht.

Adresse: Paseo de Cristóbal Colón, s/n

Der Goldturm

**So gehen Sie weiter:** Setzen Sie Ihren Weg am Fluss entlang in selber Richtung fort. Nach 500 Metern rechts die Straße überqueren. Das weiße, ringförmige Gebäude mit den roten, gelbumrahmten Fenstern ist die Stierkampfarena.

## Real Maestranza de Caballería – (Stierkampfarena)

Ja, Sie haben richtig übersetzt! Die Stierkampfarena von Sevilla trägt den Namen 'Königliche Meisterschule für Reitkunst'. Sie wurde von 1761 bis 1881 als eine der ersten Arenen Spaniens gebaut, gilt als eine der wichtigsten, fasst jedoch 'nur' 14000 Zuschauer. Im Vergleich: In Madrids Arena 'Las Ventas' finden eineinhalbmal so viele Zuschauer Platz.

Das charakteristische Merkmal dieser Anlage ist die leicht ovale Form. Die steinernen Sperrsitzabteilungen wurden 1914 mit Backsteinen ummantelt, die Originalsteine sind darunter erhalten geblieben.

Als Zuschauer sind die Sevillaner bei den Toreros gefürchtet. Ihr demonstratives Schweigen bedeutet Daumen nach unten, keine schlimmere Strafe gibt es für den stolzen Matador!

Unter dem Begriff Torero werden alle Männer und Frauen verstanden, die in einen Stierkampf eingebunden sind. Dazu gehören neben dem Matador, der den Stier mit einem roten Tuch reizt und ihm am Ende des Kampfes den Todesstoß versetzt, auch seine Helfer, die Novilleros, die Banderillero und Picadores.

Es ist kaum noch bekannt, dass es vor allem im 18. und 19. Jahrhundert weibliche Toreros in Spanien gab. Erst 1908 wurden Toreras von Franco verboten. Doch es gibt sie wieder - heute ist die bekannteste unter ihnen Cristina Sanchez.

Die Arena verfügt auch über ein kleines, aber sehenswertes Museum, das sich von anderen seinesgleichen abhebt, in denen an erster Stelle blutgetränkte Anzüge und tote Stiere zur Schau gestellt werden. Hier sieht man vor allem berühmte Gemälde von Toreros, alte Stiche der Stadt und Gebrauchsgegenstände aus der Welt des Stierkampfes. Dass im 'Real Maestranza de Caballería' nur drei Toreros ums Leben kamen, erfüllt die Sevillaner mit Stolz.

In weiten Teilen des Landes sind Stierkämpfe inzwischen verboten. Das Thema wird ambivalent diskutiert. Gegner verweisen auf das grausame Abschlachten der Tiere zur Belustigung der Zuschauer. Befürworter führen an, dass die alten Rassen, die heute nur noch für den Stierkampf gezüchtet werden, sonst längst ausgestorben wären, dass die Kampfstiere ein sehr schönes Leben in relativer Freiheit führen dürfen, immer gut und in Würde behandelt werden und die besten von ihnen in der Arena immerhin die Chance haben, begnadigt zu werden. Hingegen verbringen die meisten Milch- und Fleischkühe ein unwürdiges und oft quälendes Leben in Gefangenschaft, erleben am Ende schreckliche Transporte und werden, wenn auch unter Ausschluss der Öffentlichkeit, auf viel grausamere Weise geschlachtet. Das ist Tatsache. Doch für uns wäre das kein Argument, einem Stierkampf beizuwohnen…

Stierkämpfe finden während der 'Feria de Abril' (siehe unten) täglich statt. Danach bis Oktober immer sonntagnachmittags. Die günstigsten Karten lieben bei 60 Euro.

Keine Besichtigungen der Arena am Karfreitag und Weihnachten und während eines Stierkampfes.
Adresse: Paseo de Cristóbal Colón, 12
E-mal: info@realmaestranza.com

## Ayuntamiento (Rathaus) und Plaza de San Francisco

Die Plaza de San Francisco galt zu Zeiten der Erbauung des Rathauses als Herz der Stadt. Hier führten Prozessionen vorbei, wurden die Urteile des Inquisitionsgerichts vollstreckt, Stierkämpfe veranstaltet, Feste gefeiert und Markt gehalten.

Aus politischen Gründen wurde der Platz mehrmals umbenannt. Von 'Plaza de San Francisco' in 'Plaza de la Constitución', in 'Plaza Real de Fernando VII', wieder in 'Plaza de la Constitución' und schon wenige Monate später in 'Plaza del Rey'. Es folgte 'Plaza de la Libertad' und ein weiteres Mal 'Plaza de la Constitution'. 1936 hieß er 'Plaza de la Falange Española', bis ihm schließlich im Jahr 1980 sein ursprünglicher

Name 'Plaza de San Francisco' verliehen wurde – so heißt er heute noch.

Der Bau des Rathauses wurde 1527 unter Diego de Riaño begonnen und 1540 fertiggestellt. Er errichtete den südlichen Teil mit einem Übergang zum Franziskanerkloster. Zu dieser Zeit lag der Haupteingang noch an der Plaza de San Francisco.

Bemerkenswert ist vor allem die im reinsten Platereskstil gehaltene, über zwei Stockwerke gehende Fassade. Zu sehen sind darauf historische und mythologische Figuren, Pflanzen, fantastische Tiergestalten, Wappen und Embleme der Stadtgründer Herkules und Caesar. Im äußersten linken Bereich der Fassade sind außerdem noch Überreste des alten Kutschenhofs des Klosters zu erkennen.

Ende des 19. Jahrhunderts wurde der Bau von den Architekten Demetrio de los Ríos und Balbino Marrón umgestaltet. Sie entwarfen eine neue, zur Plaza Nueva gewandte Hauptfassade im klassizistischen Stil, und verlegten auch den Haupteingang dort hin. Reste der alten Mauern des Rathauses können im Inneren noch gesehen werden.

Adresse: Plaza de San Francisco / Plaza Nueva

**So gehen Sie weiter:** Vom Rathaus bis zum Metropol Parasol sind es zu Fuß 650 Meter durch verwinkelte Gässchen. Von der Plaza de San Francisco (Ostseite des Rathauses) auf Calle Sierpes. Nach 100 Metern rechts abbiegen auf Calle Sagasta. Weiter geradeaus auf Calle Córdoba, nach 80 Metern links auf Calle Lineros. Am Ende der Straße schräg rechts auf Calle Puente y Pellón. Noch 150 Meter, dann sehen Sie den 'Paralso' bereits über die Bäume spitzen.

## Parasol Metropol

Der 'Parasol Metropol' ist eine futuristisch anmutende Holzkonstruktion, die an einen überdimensionalen Pilz erinnert. Sie wurde auf der Plaza de la Encarnación an Stelle einer Markthalle aus dem Jahr 1842 errichtet. Auf drei Ebenen findet man Läden und Bars, eine Aussichtsplattform und ein Museum, in dem die archäologischen Funde aus römischer und maurischer Zeit ausgestellt werden, die während des Baues zutage kamen. Für den Entwurf erhielt der deutsche Architekt Jürgen H. Mayer den Preis 'Best of the best 2012' des 'red dot design awards'. Außerdem wurde er für den 'Mies van der Rohe Award' 2013 nominiert.

Das pilzartige Bauwerk gilt als das neue Wahrzeichen von Sevilla, hat eine Länge von 150 Meter, eine Breite von 70 Meter und eine Höhe von 26 Meter und ist die größte Holzkonstruktion der Welt. Sie besteht aus 3400 verschiedenen Bauteilen, für die 3.500 Kubikmeter Furnierschichtholz und 700 Tonnen Stahl verwendet wurden. Das Holzkonstrukt wird von sechs baumstammartigen Gebilden aus Zement getragen. Inspirieren ließ sich der Architekt von den Säulen der Kathedrale und den uralten Birkenfeigenbäumen auf der nahen Plaza Cristo de Burgos.

Adresse: Plaza de la Encarnación, s/n

**So gehen Sie weiter:** Auf die Calle Imagen (im Osten des Parasol), weiter rechts über die Plaza San Pedro. Am Ende des Platzes links und gleich wieder rechts auf die Calle Descalzos. An ihrem Ende rechts und sofort links. Von der Plaza San Ildefonzo auf die Calle Caballerizas bis zum Pl. de Pilatos. (650 Meter)

## Casa de Pilatos

Es handelt sich nicht um ein Haus, wie der Name vermuten lässt, sondern um eine kleine Alhambra - einen Stadtpalast im maurischen Stil. Von den Pferdeställen bis hin zu den Privatgemächern strotzt alles nur so von Stuck und Ornamenten, Kacheln und arabischen Kalligrafien. Don Pedro Enríquez, einer der Oberstatthalter von Sevilla, errichtete die Casa de Pilatos ab 1483. Der erste Marquis von Tarifa ließ den kleinen Palast nach einer Jerusalem-Reise im 16. Jahrhundert von mudéjar-Baumeistern umgestalten und stiftete auch einen Passionsweg für die Semana Santa, der an der Hauptfassade seines Palastes unter dem Bild „Jesus vor Pilatus" beginnt, was dem Gebäude seinen Namen einbrachte. Noch immer startet hier eine der großen Karfreitagsprozessionen.

Heute befindet sich der Palast, der ein wenig abseits des großen Trubels an der Plaza Pilatos liegt, im Privatbesitz des Herzogs von Medinaceli und gilt nach dem Real Alcázar als schönster Stadtpalast Sevillas. Er besteht aus mehreren Gebäuden, zwei Innenhöfen, einer kleinen Kapelle und zwei Gärten und beherbergt unter anderem Gemälde, Möbel und römische Antiquitäten. So kann man im Erdgeschoss eine beeindruckende Sammlung römischer Statuen bestaunen. Eine vollständig gekachelte, bemalte Freitreppe führt ins Obergeschoss, wo eine großartige Gemäldesammlung italienischer und flämischer Meister zu bewundern ist.

Eine Szene des Films 'Mission: Impossible II, in der die Flamenco-Tänzerin Sara Baras auftritt, wurde im Innenhof des Palastes gedreht, und im Jahr 1962 konnte man Teile des Inneren des Gebäudes in Lawrence von Arabien sehen.

Mit Wartezeiten am Eingang muss gerechnet werden.

Adresse: Plaza de Pilatos, 1

Nehmen Sie sich an dieser Stelle ein paar Minuten Zeit, etwas über das Altstadtviertel Barrio de Santa Cruz zu lesen, das Sie gleich durchstreifen werden ...

## Barrio de Santa Cruz (Altstadtviertel Santa Cruz)

Die Altstadt, ein Labyrinth enger Gassen, wurde einst von einer Ringmauer umgeben, die mit 160 Wehrtürmen und vierzehn Stadttoren versehen war - an der Calle Muñoz León ist noch ein Mauerstück mit sechs Wehrtürmen aus maurischer Zeit und eins der alten Stadttore zu sehen.

Besonders beeindruckend und unbedingt sehenswert ist das Altstadtviertel Santa Cruz, das wir hier insgesamt als 'Sehenswürdigkeit' bezeichnen möchten. Das autofreie Viertel erstreckt sich zwischen Plaza

Doña Elvira, Callejón del Agua, Reales Alcázares, Santa María la Blanca und Mateos Gago.

Früher einmal war es das Viertel der Mauren und Juden, in dem die zweitgrößte Judengemeinde Spaniens lebte. Doch als der Judenhass wuchs und die Juden verfolgt und ermordet wurden, kam das Viertel zum Slum herunter. Erst Ende des 19. Jahrhunderts wurde es renoviert und wieder aufgebaut.

Es empfiehlt sich, durch die malerischen engen Gassen und über die kleinen, mit Palmen oder Orangenbäumen bepflanzten Plätze zu schlendern, auf denen sich Terrassencafés, Restaurants und Bodegas drängen. Hin und wieder gelingt es auch, einen Blick in die 'Patios' zu erhaschen – so nennen die Spanier die Innenhöfe im Zentrum eines Stadthauses. Oft sind sie aufwendig gekachelt, mit Geranien und anderen Pflanzen begrünt und von kunstvollen schmiedeeisernen Gittern verschlossen. Besonders schöne Innenhöfe haben die Häuser 3 und 4 der Gasse Guzmán el Bueno und viele Häuser in den Straßen Mateos Gagos, Cruces und Ángeles. Stehen die Flügeltüren zur Straße offen, darf man auch einen vorsichtigen Blick hinein wagen.

Die Bars und Restaurants im Barrio Santa Cruz sind, wie überall in solchen Touristenzentren, etwas überteuert, und leider tummeln sich hier auch Taschen- und Trickdiebe. Deshalb sollte man keine Geldbörsen in der Hose tragen, Taschen schließen, nicht auf Bitten hin Geld wechseln und Kameras gut festhalten.

**So gehen Sie weiter:** Rechts auf die Calle Águilas Richtung Westen, dann die dritte links. Von der Calle Muñoz y Pabón halb nach rechts abbiegen auf die Calle Federico Rubio. Immer weiter geradeaus. Am Ende der Calle Fabiola rechts und die nächste links. Es sind 800 Meter.

## Casa de Murillo

Das Haus des großen Barockmalers Bartolomé Esteban Murillo, der 1682 durch einen tragischen Arbeitsunfall starb, liegt mitten im Barrio Santa Cruz. Es ist ein typisches Beispiel eines Sevillaner Stadthauses des 17. und 18. Jahrhunderts - in diesem Sinne erweitert seine Besichtigung den Erlebnisschatz einer Sevilla-Tour. Man betritt es durch ein schweres Holztor und gelangt in einen hübschen Innenhof mit Brunnen und einem interessanten Treppengefüge, das auf die Galerie führt. Die Ausstellungsräume liegen jedoch im Erdgeschoß. Zu sehen sind Schlafzimmer und Atelier,

Haushaltsgeräte, Keramik und Kochgeschirr aus dem 17. Jahrhundert, außerdem Werk und Schriften des Malers und alte Stiche.

Adresse: Santa Teresa 8

**So gehen Sie weiter:** Zurück auf die Calle Ximénez de Enciso, schräg nach links auf die Calle Mesón del Moro, an ihrem Ende links bis zur Kathedrale. (350 Meter)

## Kathedrale und Giralda-Turm

Die Kathedrale von Sevilla - nach dem Petersdom in Rom und der St. Paul's Kathedrale in London drittgrößtes christliches Gotteshaus der Welt und Weltkulturerbe der Unesco - wurde auf einer Moschee erbaut. Geblieben sind von ihr allerdings nur der Orangenhof an der Nordseite des Doms, in dem sich die Gläubigen vor dem Gebet wuschen, und die Giralda. Dieser dreiundneunzig Meter hohe Kirchturm war einst das Minarett der Moschee und wurde nach dem Vorbild des Minaretts der Koutoubia-Moschee in Marrakesch erbaut. 'Die Giralda' gilt als Wahrzeichen Sevillas, ihren Namen trägt sie, weil die Spitze von einer bronzenen 'Giraldillo' geschmückt wird, einer Wetterfahne in Form einer Engelsfigur. Diese Figur ist vier Meter hoch, wiegt etwa zweitausend Kilo und stammt von Bartolomé Morel. Eine Kopie steht am Haupteingang.

Im Glockenhaus hängen vierundzwanzig Glocken, jeweils fünf an jeder Seite und vier innen. Eine Rampe mit fünfunddreißig Windungen führt auf den Turm, die breit und hoch genug ist, um mit einem Pferd hinaufzureiten. So war es möglich, in Windeseile nach oben zu gelangen, um von dort wichtige Nachrichten zu verkünden. Der Aufstieg lohnt sich, denn man hat einen wunderbaren Ausblick über die Stadt.

Rund hundert Jahre dauerte der Bau der fünfschiffigen Kathedrale, mit dem 1403 begonnen wurde. Sie ist 116 Meter lang, 76 Meter breit und an ihrer höchsten Stelle 40 Meter hoch, wird von 40 Säulen getragen und hat 68 Bogengewölbe. Egal wohin das Auge reicht, was immer man in diesem Dom sieht, es ist von einzigartiger Pracht. Nicht grundlos wird er auch als Schatzkammer Spaniens bezeichnet.

Im Mittelschiff befinden sich auf beiden Seiten des Chorraumes zwei Monumentalorgeln in barockem Stil, die spiegelbildlich zueinander angeordnet sind. Dahinter öffnet sich der Altarraum um das große Retabel - beeindruckendes Zeugnis der Schnitzkunst des 16. Jahrhunderts. Auf einer Höhe von zwanzig und einer Breite von achtzehn Metern erzählen hundertneunundachtzig Skulpturen das Leben Christi. Damit ist das Retabel der höchste Altaraufsatz, der je für ein christliches Gotteshaus geschaffen wurde. Von außergewöhnlicher Kunstfertigkeit zeugt auch das große Tabernakel aus Silber.

An der Puerta de la Lonja, einem der zehn Eingänge der Kathedrale, befindet sich das Hochgrab des Christoph Kolumbus. Der Sarkophag wird von vier lebensgroßen Herolden getragen, die die Königreiche Kastilien, León, Aragón und Navarra repräsentieren.

Lange Zeit wurde bezweifelt, ob sich die sterblichen Überreste des Entdeckers von Amerika tatsächlich in diesem Sarkophag befinden, denn sie wurden mehrfach umgebettet. Einige Jahre nach seinem Tod brachte man sie von Valladolid nach Sevilla, 1596 wurden sie nach Santo Domingo überführt, 1795 brachte man sie nach Havanna und 1898 wieder zurück nach Sevilla. 2006 führten spanische Wissenschaftler jedoch einen DNA-Abgleich mit den Überresten seines Bruder und seines Sohnes durch und erbrachten somit den Beweis.

Auch einen Domschatz kann man in der Kathedrale von Sevilla bestaunen, er wird im ehemaligen Kapitelsaal (Sala Capitular) gezeigt. Dort befinden sich auch einige wertvolle Gemälde.

Dies sind nur die wichtigsten Informationen über diesen monumentalen Kirchenbau. Wer die Kathedrale besucht und sich für Details interessiert, sollte sich am Eingang einen Audioguide mieten und sehr viel Zeit mitbringen. An der Kasse ist mit langen Wartezeiten zu rechnen.

Adresse: Calle Conquista, 4

Wenn Sie die Kathedrale durch den Haupteingang wieder verlassen, blicken Sie direkt auf das Archivo General de Indias. Sollten Sie die Kathedrale durch den Orangenhof verlassen haben, gehen Sie um den Komplex auf die gegenüberliegende Seite, also zurück zum Haupteingang bzw. zum Archivo General.

## Archivo General de Indias

Bereits seit 1785 existiert das 'Generalarchiv der Entdeckung Amerikas'. Es wurde auf königlichen Erlass von Karl III. hin gegründet und in der Casa Lonja de Mercaderes untergebracht, einem Palast aus dem 16.

Jahrhundert, der zuvor die Handelsbörse der Stadt war. Hier ist alles archiviert, was zwischen 1492 und dem späten 19. Jahrhundert über die Neue Welt geschrieben wurde, selbst die Tagebücher Kolumbus'. Das Besondere: Nicht nur Historiker aus aller Welt forschen hier, das Archiv ist auch allen anderen Besuchern zugänglich. Die Unesco erklärte 1987 sowohl das Gebäude als auch die Sammlung zum Weltkulturerbe.

Eintritt frei / Adresse: Avenida de la Constitución, 3

**Gehen Sie** links am Archivo General de Indias vorbei, und Sie blicken direkt auf den Eingang des Königspalastes. Über der rotgestrichenen Torfassade sehen Sie einen gekrönten Löwen.

### Reales Alcázares – Der Königspalast

Der Alcázar, auch 'kleine Alhambra' genannt, gehört zum Weltkulturerbe der Unesco. Über die Jahrhunderte hinweg diente er den verschiedensten Herrschern als Residenz - auch heute noch verweilt der spanischen König dort, sobald er sich in Sevilla aufhält.

Im Jahre 1364 begann man mit dem Bau, der für Peter I., König von Kastilien, auf den Grundmauern eines verfallenen Forts errichtet wurde. Ihm gefiel der orientalische Stil so gut, dass er sich seinen Palast nach maurischem Vorbild errichten ließ. Er ließ Handwerker und Baumeister maurischer Abstammung aus Granada nach Sevilla holen und erteilte ihnen Bleiberecht. Heute gilt der Alcázar als wichtiges Beispiel der Mudéjar-Architektur.

Von außen sieht man nur die trutzigen Mauern, da ist von der Pracht, die den Besucher erwartet, kaum etwas zu erahnen. Umso beeindruckender das Innere - maurische Rundbögen und Kuppeln, Kacheln, Stuckwerk, ineinander verschachtelte Höfe, Bogenfenster und reichverzierte Decken aus Holz, teils bemalt, teils mit Gold überzogen. Vor allem in der 'Sala de los Embajadores', dem Botschaftersaal, nimmt das Staunen kein Ende.

Hinter dem Hauptpalast erstrecken sich ausgedehnte Gärten, deren Gestaltung auf die Zeit von Karl V. zurück gehen. Auch sie sind im maurischen Stil angelegt. Man sieht Orangen- und Zitronenbäume, Palmen, Brunnen, Wassergräben, Statuen und kleine Pavillons - und über all der paradiesischen Pracht liegen Vogelgezwitscher und der Duft von Zitrusfrüchten.

Auch hier raten wir, sollten Sie sich im Detail informieren wollen, am Eingang einen Audioguide zu mieten und sehr viel Zeit mitbringen. Oder lassen Sie sich einfach nur treiben, staunen und genießen Sie.

Es ist mit langen Wartezeiten an der Kasse zu rechnen.

Adresse: Av de Isabel la Católica



Wenn Sie vor dem Palast mit Blick zum Haupteingang stehen, gehen Sie rechts am Palast vorbei auf das gelbe Haus zu, dort rechts, dann die nächste links auf Plaza de la Contratatión, dann rechts über den Platz auf Calle San Gregorio, weiter bis Puerta de Jerez (der große Platz). Hier links auf Calle San Fernando. Vorbei am Nobelhotel Alfonso VIII. – gleich daneben ist die alte Tabakfabrik.

## Antigua Fábrica de Tabacos

Als die Fabrik im 18. Jahrhundert errichtet wurde, lag das Gelände noch außerhalb der Stadt. Einst waren hier bis zu zehntausend 'Cigarreras' beschäftigt, die meisten von ihnen Frauen. Spaziert man an den gewaltigen Mauern der Vierflügelanlage entlang, die wie ein Schloss von einem Wassergraben umgeben ist, hat man den Eindruck, es sei ein Palast. Vierundzwanzig Innenhöfe, siebenundachtzig Ställe für vierhundert Pferde und Maulesel (sie mussten die Mühlen antreiben) zehn Brunnen und mehrere Fabriksäle verbergen sich hinter hohen, grauen Mauern. Damals gab es nicht nur eine Kinderkrippe in der Fabrik, sondern auch ein eigenes Gefängnis.

Auch die schöne und rassige Carmen, die nach einer Novelle Prosper Merimées den Männern den Kopf verdrehte und später Titelfigur der Oper ‘Carmen’ wurde, ließ ihr Schöpfer hier arbeiten. Heute ist in der alten Tabakfabrik ein Teil der Universitätsverwaltung untergebracht.

Eintritt zu den öffentlichen Bereichen frei.
Adresse: Calle San Fernando, s/n

> **So gehen Sie weiter:** Sie befinden sich auf Calle Enramadilla. Gehen Sie weiter in dieselbe Richtung. Nach etwa zwei Kilometern biegen Sie rechts auf die Ramon Carande ab. Dann sofort links auf die Avenida Ramóny Cajal und die nächste schräg rechts auf die Calle Pirotecnica.

Sie können aber auch mit der Straßenbahn zum Auto zurückfahren. Ticket erhalten Sie in Tabakläden (siehe auch unten). Dann gehen Sie vom Palast aus am Archivo General de Indias vorbei zur Avenida de la Constitución. Dort nehmen Sie die Linie 1 Richtung Süden (Kathedrale liegt nördlich). Falls Sie die Alte Fabrik noch besichtigen wollen, steigen Sie erst dort ein. Die Haltestelle befindet sich vor dem Hotel Alfonso VIII.

Fahren Sie bis Haltestelle San Bernardo (Zone 1). Nach dem Aussteigen ein paar Schritte links, dann sofort rechts auf die Ramon Carande, wieder links auf die Avenida Ramóny Cajal und die nächste schräg rechts auf die Calle Pirotecnica.

Falls Sie im Parkhaus Hotel Meliá (Avenida de la Borbolla) geparkt haben, gehen Sie nach der Alten Fabrik rechts auf die Avenida el Cid, am Kreisverkehr links auf die Avenida Portugal bis zur Avenida de la Borbolla, dort biegen Sie links ab zum Parkhaus.


Fotos nächste Seite

Links von oben nach unten:
Im Hintergrund Kathedrale mit Giralda-Turm, rechts vorne im Bild ein Stück vom Palast
Palacio de San Telmo
Brunnen im Maria-Luisa-Park
Pata-Negra-Schinken gehört in Sevilá zu den Tapas

Rechts von oben nach unten:
Haupteingang zum Palast
Real Maestranza de Caballería – (Stierkampfarena)
Ausschnitt der Kathedrale
Auftritt einer Flamencogruppe

# Ein zweiter und dritter Tag in Sevilla

Auf unserem Rundgang konnten Sie sich mit der Stadt und den wichtigsten Sehenswürdigkeiten vertraut machen. Sie werden aber nicht die Zeit für mehrere Innenbesichtigungen gefunden haben. An einem zweiten Tag können Sie sich diverse Innenbesichtigungen vornehmen. Empfehlen wollen wir neben Casa de Pilatos, Casa de Murillo, Kathedrale, Königspalast und dem Museum in der Stierkampfarena auch das

## Museo de Baile Flamenco

Cristina Hoyos, eine der bedeutendsten Flamencotänzerinnen der Gegenwart, hat das einzige Flamencomuseum der Welt 2006 in privater Initiative gegründet. Durch interaktive Videoshows, Fotos, Malerei, Vorträge und Vorführungen werden Geschichte und Gegenwart des Flamencos vermittelt. Der Eintritt ist relativ teuer, doch lohnenswert, und man sollte viel Zeit mitbringen. Für Falmencointeressierte ist das Museum geradezu ein Muss! Auch Tanz- und Gitarrenkurse von hoher Qualität werden angeboten.

Adresse: Calle Manuel Rojas Marcos, 3 (nicht weit vom Rathaus entfernt)

www.museoflamenco.com

**Tipp:** Im Kulturzentrum 'La Carboneria' gibt es fast jeden Abend authentische Live-Flamenco-Konzerte. Bar und Konzertraum sind stufenlos zu erreichen, also auch für Rollstuhlfahrer geeignet.

Addresse: Calle Levíes, 18

# Infos, wichtige Adressen, Sightseeing und mehr

## Touristenauskunft

Auf der Internetseite 'Spanisches Fremdenverkehrsbüro Frankfurt in Deutschland' findet man die Adressen aller Touristenauskunftsstellen für Spanien in Deutschland.

Auch bei 'Turespaña' kann man schon von zu Hause aus alle notwendigen Informationen für eine Spanienreise anfordern, z.B. auch einen Stadtplan von Sevilla.

https://www.spain.info/es/

Touristenauskunft in Sevilla finden Sie an mehreren Stellen in der Stadt, ebenso am Bahnhof und im Flughafen. Hier zwei Adressen:

Touristeninfo des Tourismusverband Sevilla / Plaza del Triunfo 1, 41004 Sevilla
Tel. 0034-954-2100-05 / Fax 0034-954-2108-58

Consorcio de Turismo de Sevilla  Plaza de San Francisco / Tel. 954591188 / www.turismo.sevilla.org

Geöffnet täglich 9.30-14 und 17-21 Uhr (außer 25. Dez. und 6. Jan.)

## Sevilla Card

Mit der Sevilla Card kann man kostenlos alle öffentlichen Verkehrsmittel nutzen. Außerdem enthält sie auch diverse Führungen, Bootsfahrten, sowie Eintritte zu verschiedenen Museen und Attraktionen. Man erspart sich vor allem auch die langen Wartezeiten an den Kassen!

Die Karte für 24 Stunden gewährt zwei kostenlose Eintritte zu den Sehenswürdigkeiten, die Karte für 48 Stunden ermöglicht freien Eintritt zu allen Sehenswürdigkeiten. Eine noch günstiger Alternative ist die Seville Super Combi. Mit ihr haben Sie direkten Zugriff

auf drei der beeindruckendsten und beliebtesten Attraktionen Sevillas. Darüber hinaus berechtigt sie Sie
zur Online-Reservierung von Tickets ohne Anstehen
für den Real Alcazar, die Kathedrale von Sevilla und
den Glockenturm Giralda. Man kann die Sevilla Card
in den Touristenbüros oder auch online erwerben.

## Autofahren, Wohnmobile & Parken

Tempolimit in Spanien: Autobahn 120, Schnellstraßen
100, Landstraßen 90, Stadt 50 km/h. Für Wohnmobile
und –anhänger gilt auf Autobahnen 90, Schnellstraßen 80, Landstraßen 70, Stadt 50 km/h.

Die Promillegrenze liegt bei 0,3. Wer mit zu viel Alkohol fährt, wird hart bestraft. Parken auf dem Bürgers-
teig, und sei es auch nur mit einem Reifen, ist strengs-
tens verboten, man bezahlt ab 200 Euro und wird sofort abgeschleppt. Auch das Überschreiten der Ge-
schwindigkeitsbegrenzung ist sehr viel teurer als bei
uns! Strafen für Verkehrsverstöße werden grundsätzlich sofort abgerechnet.

Bestehen Sie nicht halsstarrig auf Vorfahrt und be-
wahren Sie Ruhe, wenn Sie angehupt oder gesten-
reich ausgeschimpft werden. Die Spanier sind 'heiß-
blütig', das zeigt sich auch auf der Straße.

# Parken für PKW

Ein Tagesticket für einen Parkplatz/Parkhaus in Sevilla/Zentrumnähe kostet meist zwischen 30 und 35 Euro. Auf der Internetseite www.parkopedia.es sind verschiedene Parkmöglichkeiten eingezeichnet.

Wir haben zwei Parkplätze in der Nähe der Plaza de España für Sie gefunden, denn dort beginnen wir mit unserem Rundgang.

**Parking Insur -** Adresse: Calle Pirotecnica, 407 Plätze, 24 Stunden um die €10.00 (keine Gewähr).

Um zur Plaza de España zu kommen, gehen Sie auf der Calle Pirotenica rechts, dann links auf Calle Miguel Rodríguez Piñero abbiegen, über die Kreuzung geradeaus auf Calle Dr. Pedro de Castro und immer weiter geradeaus bis Plaza de España. Der Platz ist von dieser Seite aus als solcher nicht zu erkennen. Sie sehen ein großes, ovales Gebäude mit einem imposanten Eingang. Gehen Sie daran vorbei, geradeaus weiter und betreten Sie den Platz durch den nächsten Nebeneingang – ein paar Treppen führen hinauf zum Torbogen.

**Parkhaus Hotel Meliá Sevilla -** Adresse: Avenida de la Borbolla, Höhenbeschränkung: 1,70m, 254 Plätze, 24 Stunden kosten etwa € 25.- (keine Gewähr).

Dieses Parkhaus ist teurer, liegt dafür aber nur wenige Schritte von der Plaza de España entfernt. Sie gehen auf der Avenida de la Borbolla links und gleich wieder rechts. Schon sind Sie am Haupteingang zur Plaza de España (das ovale Gebäude links). Gehen Sie am Haupteingang vorbei, geradeaus weiter und betreten Sie den Platz durch den nächsten Nebeneingang – ein paar Treppen führen hinauf zum Torbogen.

### Parken für Wohnmobile und -anhänger

Auch für Camper ist das Parken teuer in Sevilla. Es gibt einen bewachten Parkplatz für Großfahrzeuge direkt neben dem Bahnhof, dort darf man auch übernachten. In die Stadt geht der Bus Nr. 32.

**Area de Puerto Gelves -** Etwa vier Kilometer vom Zentrum Sevillas entfernt, am kleinen Fluss-Sporthafen von Gelves, gibt es Wohnmobilstellplätze mit Strom- und Wasseranschlüssen. Leider finden dort nur knapp zwanzig Camper Platz. Verfügbarkeit prüfen per Tel: 0034 955 761 212

Die Buslinie 140 fährt alle 15 Minuten direkt ins Zentrum. Ein Radweg führt vom Platz aus in die Stadt.

Adresse: Sevilla-Coria del Rio, 41120 Gelves. Man fährt von der Autobahn immer in Richtung Hafen von Gelves.
http://www.areasac.es/v_portal/apartados/apartado.asp?te=2420

**Area Sevilla-Centro -** Der Platz liegt ebenfalls im Hafenbereich und ist gut anzufahren. Man ist schnell mit dem Bus, dem Fahrrad oder auch zu Fuß im Zentrum. Auf dem Gelände eines Großparkplatzes sind um die fünfzig Plätze für Camper abgegrenzt worden. Es gibt Wasser, Strom, WLAN, Entsorgungsmöglichkeiten, Toiletten und Duschen im Hauptgebäude. Kein Luxus, aber alles was man braucht. Etwa 50 Stellplätze.

Adresse: Carretera de la Esclusa con Avenida García Morato S/N, 41011 Sevilla. Verfügbarkeit prüfen per Email: areasevilla@gmail.com oder
Tel: 619261325/607248860
oder im Internet unter 'areasautocaravanas.com/de'

# Öffentlicher Verkehr

Das öffentliche Verkehrsnetz ist gut ausgebaut und relativ preiswert, doch leider hapert es mit behindertengerechten Bussen. Leider sind Sehenswürdigkeiten, die etwas weiter abseits liegen, auch mit öffentlichen Verkehrsmitteln nur umständlich zu erreichen, weil man umsteigen müsste.

Busse und Straßenbahnen fahren etwa von 6 Uhr morgens bis Mitternacht, die Nachtbusse A 1 bis A 6 allerdings nur im Stundentakt. Innerhalb des historischen Zentrums sind die zirkularen Buslinien C3 und C4 wichtig. Sie verlaufen um die Altstadt auf der Ringstraße entlang der einstigen Stadtmauer. Die Linie C3 fährt im Uhrzeigersinn und die Linie C4 Linie im Gegenuhrzeigersinn. Haltestellen gibt es alle paarhundert Meter. Auch die Buslinie C1 und C2 funktionieren nach diesem Prinzip, sie bedienen die äußeren Zirkel, mit Haltestellen am Santa Justa Bahnhof und im Triana Stadtviertel, auf der anderen Flussseite.

Der Flughafenbus EA (Especial Aeropuerto) fährt vom Flughafen ins Zentrum und teilweise auch auf der Ringstraße um die Altstadt, jedoch nicht ins Zentrum hinein.

Das U-Bahn-System (Metro Sevilla) verbindet die Ciudad Expo (Südwesten) mit Olivar de Quinto (Südosten). Mit der U-Bahn zu fahren wäre allerdings schade, man sieht nichts von der Stadt.

Es gibt Einzeltickets, Mehrfahrtenkarte (Multiviaje), die man wieder aufladen kann, und die 'Tarjeta Turística' - ein Touristenticket, das freie Fahrt an einem bzw. drei Tagen gewährt und recht günstig ist. Fahrkarten erhält man in Tabakläden, an Zeitungskiosken und in den U-Bahnhöfen, die 'Tarjeta Turística' in Touristenbüros und in einigen großen Hotels. Wer die Sevilla Card besitzt, hat freie Fahrt mit allen Verkehrsmitteln!

## Taxi

Die Taxis in Sevilla sind weiß, haben gelben Streifen und auf der Seite das Stadtwappen von Sevilla. Leuchtet das grüne Licht am Schild auf dem Dach, ist ein Taxi frei, und man kann es sich heranwinken. Taxistände findet man über die ganze Innenstadt verteilt, sowie vor großen Hotels, an der Puerta de Jerez und der Plaza Nueva, am Busbahnhof oder am Bahnhof Santa Justa. Fahrten innerhalb des Stadtzentrums sind relativ günstig.

Wer ein Taxi über die Rufzentrale bestellt, muss mit langen Wartezeiten rechnen und sollte vorsichtig sein. Meist wird eine Kreditkartennummer oder eine Vorabüberweisung verlangt, da bleiben Schummeleien beim Fahrpreis leider nicht aus. Zur Feria und Semana Santa werden hohe Aufpreise verlangt. Hat man Glück und kann ein freies Taxi anhalten, muss man darauf achten, dass der Fahrer das Taxameter einschaltet. Im Taxi hängen die Preise und Zuschläge aus. Haben Sie das Gefühl, übervorteilt worden zu sein, lassen Sie sich eine Quittung (recibo completo) aushändigen und bitten bei der Touristeninformation oder im Hotel um Hilfe.

## Sightseeing mit Bus, Schiff, Kutschen, Fahrräder und Roller

**Rundfahrten mit dem Boot -** Ab elf Uhr vormittags legen im Dreißigminutentakt am Kai vor dem Torre del Oro (Goldener Turm) Boote zu Flussfahrten mit Audioguide ab. Dauer einer Rundfahrt etwa eine Stunde.

**Bus -** Man kann die Stadt im Doppeldeckerbus mit offenem Oberdeck und Audioguide erkunden und nach Belieben an den Haltestellen aus- und wieder einsteigen. Es gibt zwölf Haltestellen, die gesamte Strecke dauert ca. 75 Minuten. Die Hop-on-Hop-off-Tour hat

strategisch günstige Haltestellen, die der Bus im 20-
bis 30-Minuten-Rhythmus anfährt. Die Fahrscheine
sind ab der ersten Verwendung 24 Stunden lang gül-
tig. Aber: Route und Haltestellen liegen Großteils außerhalb des interessanten Stadtzentrums und relativ
weit ab der Sehenswürdigkeiten, die wir als wichtig
erachten.

Haltestelle 1 - Torre del Oro
Haltestelle 2 - Plaza de España
Haltestelle 3 - Plaza de América
Haltestelle 4 - Triana: San Jacinto
Haltestelle 5 - Triana: Calle Castilla
Haltestelle 6 - Exposicion Universal (Expo 92)
Haltestelle 7 - Isla Magica
Haltestelle 8 - Macarena
Haltestelle 9 - Torre de los Perdigones
Haltestelle 10 - Alameda de Hercules
Haltestelle 11 - Plaza del Duque
Haltestelle 12 - Plaza de Armas

**Kutschen -** Am Ayuntamiento (altes Rathaus), an der
Plaza del Triunfo und an anderen zentralen Punkten
der Stadt kann man Kutschen mieten, die ihre Fahr-
gäste an einigen wichtigen Sehenswürdigkeiten vorbei durch den Maria Luisa Park zum Plaza de España
bringen. Die Kutscher erklären alles Wissenswerte mit

viel Liebe und Inbrunst. Allerdings sind die Kutschfahrten nicht gerade günstig, deshalb unbedingt vorher nach dem Preis fragen!

**Fahrräder -** An 250 über die Stadt verteilten Stationen des öffentlichen Verleihsystems 'Sevici' können Fahrräder gemietet werden. Ein Automat erklärt, wie es funktioniert, und man kann direkt an den Fahrradstationen per Kreditkarte bezahlen. Ein Schloss sollte man jedoch unbedingt mitbringen (notfalls schnell noch eine Kette kaufen), denn wird das Rad gestohlen, laufen die Gebühren endlos weiter!
Mehr unter http://www.sevici.es/ (leider nur auf Spanisch)

Es gibt auch Gruppen mit einem Guide, der per Rad durch Sevilla führt. Geben sie im Internet 'Sevilla mit dem Fahrrad: Geführte Touren auf Deutsch | Baja Bikes' ein. Oder schauen Sie hier:
http://www.getyourguide.de/sevilla-l48/sevilla-private-5-stuendige-e-bike-tour-t33985/

**Roller -** Es gibt auch einen Rollerverleihe in Sevilla. Man benötigt einen Führerschein. Unternehmen wie 'Seville Services' bringen den Roller zur Unterkunft und holen ihn dort wieder ab. Doch so ein Gefährt zu mieten ist nicht gerade kostengünstig, der Verkehr schwierig zu bewältigen, dabei muss man noch nach dem Weg schauen und möchte doch eigentlich die Stadt genießen. Da die Innenstadt Fußgängerzone ist, bringt ein Roller ohnehin nicht viel. Wir raten ab.

## Sevilla für behinderte Menschen

Die schlechte Nachricht vorweg: Weder für Sehbehinderte noch für Rollstuhlfahrer gibt es Behinderten-Infobroschüren für Sevilla. Auch sind nicht alle Museen behindertengerecht eingerichtet. Es empfiehlt sich, vor dem Besuch dort anzurufen und nachzufragen.

Nur etwa die Hälfte aller Busse sind mit Einstiegsrampen ausgestattet – wer sich Stress ersparen möchte, gönnt sich für weitere Strecken besser ein Taxi.

Die gute Nachricht: Die Stadt selbst ist flach. Es gibt keine nennenswerten Steigungen und außer im 'Barrio Santa Cruz' auch kaum Kopfsteinpflaster. Das kommt Rollstuhlfahrern entgegen.

Den Königspalast (Alcazar) und die Kathedrale kann man mit dem Rollstuhl problemlos besichtigen. Sogar der Turm der Kathedrale ist bei guter Kondition und mit Unterstützung eines starken Helfers zu 'erklimmen', denn es führt eine Rampe hinauf, die einst dazu diente, mit Pferden hinaufzureiten. Zwischen den Etagen gibt es Möglichkeiten anzuhalten, um Kraft zu schöpfen.

In die Casa de Morillo muss eine kleine Eingangsstufe überwunden werden, die Ausstellungsräume liegen im Erdgeschoß.

Will man die Plaza de España mit dem Rollstuhl besichtigen, muss man von den oben genannten Parkplätzen aus um das ganze Gebäude herum und den Platz vom Südwesten durch den Maria Luisa Park betreten.

Hotel 'Zenit Sevilla', zentral im Stadtteil Triana gelegen, hat Behindertenparkplätze, Behindertengerechte Zimmer, rollstuhlgerechte Aufzüge und öffentliche Bereiche. Dort gibt es außerdem visuellen Notallarm für hörgeschädigte Gäste, akustischen Notallarm für sehbehinderte Gäste und Fahrstühle mit Beschriftung in Blindenschrift.

## Sevilla mit Hund

Darüber sollte man nachdenken, bevor man mit Hund nach Sevilla reist: Die Stadt ist sehr heiß, darunter leiden vor allem Hunde mit dickem Unterfell! Ansonsten: Man findet eine gute Auswahl an hundefreundlichen Hotels, und es gibt in ganz Spanien, so auch in Sevilla, für den Notfall ausreichend Tierärzte und –kliniken.

Die Kennzeichnung des Tieres durch Mikrochip oder Tätowierung muss im EU-Heimtierausweis eingetragen sein. Eine gültige Tollwutimpfung (Erstimpfung mindestens 21 Tage vor Grenzübertritt) muss eingetragen sein.

Man benötigt einen Maulkorb für die Benutzung öffentlicher Verkehrsmittel. Wir empfehlen bei kleinen Hunden anstelle eines Maulkorbes ein sogenanntes

Halti (im Handel auch „Master Control" genannt). Normalerweise wird dieses 'Kopfhalfter' als Lehrmittel für Hunde benutzt, die an der Leine ziehen. Man streift es über den Fang und schließt es im Nacken. Am Unterkiefer befindet sich ein Ring, dort hängt man das eine Ende der Leine ein, das andere Ende am Brustgeschirr. Sobald der Hund am Kopfhalfter zieht (oder Sie am Kopfhalter ziehen), verengt es sich um den Fang, und der Hund kann nicht beißen.

Begeistert wird Ihr Hund vom Tragen eines Haltis nicht sein, aber es bedeutet für ihn doch viel weniger Stress, als das Tragen eines Maulkorbs. Am besten, Sie üben zu Hause mit dem Halti, um Ihren Vierbeiner schon einmal daran zu gewöhnen. Das Halti wird von Ordnungshütern meist als 'Maulkorbersatz' akzeptiert – doch dafür übernehmen wir natürlich keine Verantwortung. Falls Ihr Hund jedoch 'bissig' ist oder zu den unten aufgeführten Rassen gehört, unbedingt den Maulkorb nehmen, denn die Polizei versteht da keinen Spaß!

Die Hunderassen Pitbull Terrier, Staffordshire Bull Terrier, American Staffordshire Terrier, Rottweiler, Dogo Argentino, Fila Brasileiro, Tosa Inu und Akito Inu, sowie Hunde, die bestimmte Merkmale aufweisen, werden in Spanien als potenziell gefährlich eingestuft. Reisende mit solchen Hunden müssen sich

wegen der erforderlichen Registrierung und Geneh-
migung sowie wegen Informationen über die einzu-
haltenden Regeln am besten schon vor der Abreise an
die für den Aufenthaltsort zuständige Behörde wenden.

# Musik und Feste

### Cabalgata

Am Abend des 5. Januar ziehen die Reyes, die Heiligen
Drei Könige, in einer großen Parade in die Stadt ein.
Die cabalgata beginnt im María-Luísa-Park und endet
beim Parlament.

### Semana Santa – von Palmsonntag bis Ostersonntag

Die Semana Santa (Heilige Woche / Karwoche), gehört seit Jahrhunderten zu den wichtigsten Feierlich-
keiten in Sevilla. Siebenundfünfzig Bruderschaften bewegen sich in 'Prozessionen der Reue' durch die oft
sehr engen Straßen der Stadt. Ihr Weg führt sie von
ihrer angestammten Kirche bis zur Kathedrale und
wieder zurück, und das auf kürzestem Weg, so wie es
einst von den Ordonnanzen des Kardinal Niño de Gu-
evara im 17. Jahrhundert angeordnet wurde.

In der Semana Santa werden die Leiden Jesu Christi betrauert, gleichzeitig wird seine Auferstehung von den Toten gefeiert. Freude und Leid, Stille und Applaus, büßen und feiern, Leben und Tod. Diese Gegensätze, die zunächst unvereinbar erscheinen, verleihen dem Fest seine besondere Würde. Dieses eine Mal im Jahr werden die sonst in den Kirchen verborgenen Christus- und Jungfrauenstatuen hervorgeholt, aufwändig geschmückt und auf tonnenschweren 'Pasos' von Männern in Kutten und Spitzkappen in mehreren parallel stattfindenden Prozessionen durch die Stadt getragen. Die Gläubigen am Rande der Straßen verharren entweder in stiller Andacht oder brechen in laute Lobrufe aus, falls es sich um eine Marienfigur handelt.

Einige Bruderschaften ziehen mit drei Pasos durch die Straßen, andere besitzen nur einen Paso, doch die meisten haben zwei Pasos - einen mit Christus, der die verschiedenen Szenen der Passion, Tod und Auferstehung zeigt und einen mit der Gottesmutter. Insgesamt werden während der Karwoche 116 Pasos von ihrer Stammkirche zur Kathedrale und zurück getragen.

Während der Madrugá, der Nacht von Donnerstag auf Karfreitag, wenn die Bruderschaften der Stille ihre

Prozession zur Kathedrale antreten, versammeln sich bis zu einer Million Menschen in der Stadt.

Auch die Kinder sind auf ihre Weise in die Prozessionen eingebunden. Zum einen verteilen während der Pausen viele der Büßer kleine Brotstangen, Bonbons oder andere Süßigkeiten an die Kleinen, zum anderen lassen sie sich von den Büßern etwas Kerzenwachs auf eine Kugel tropfen, die sie in den Händen formen, und die im Laufe der Woche immer größer wird.

Hier noch eine Bitte: Sollten Sie das Brimborium der Karwoche als übertrieben empfinden, machen Sie sich keinesfalls lautstark lustig darüber, Sie verletzen die Gefühle der Sevillaner.

## Die Feria de Abril

Zehn bis 15 Tage nach Ostern findet im Barrio Los Remedios die Feria de Abril statt, Sevillas größtes Volksfest, das seit 1847 besteht und ursprünglich als Viehmarkt ins Leben gerufen wurde. Es spielt sich in der ganzen Stadt, aber besonders auf dem 450.000 m² großen Festgelände im Viertel Los Remedios ab. Über Tausend Buden stehen auf dem Festgelände - kein Sevillaner, der nicht in der einen oder anderen Weise an der Feria teilnimmt, die eine Woche dauert, während der die Schulen geschlossen bleiben. Offiziell beginnt die Fiesta montags um Mitternacht mit der „Lichterprobe". Unzählige farbige Lampen und Leuchtkörper erhellen dann das Gelände und strahlen das fast fünfzig Meter hohe Haupttor an.

In den privaten Buden und Hütten findet während der Feria das tägliche Leben statt. Sie sind Treffpunkt für Familie, Freunde und Verwandte, die sich gegenseitig bewirten. Man unterhält sich, tanzt Sevillanas, es wird gesungen, eiskalter Sherry und Wein getrunken. Selbst auf den Straßen wird getanzt, und gerne werden auch Passanten hereingebeten.

Natürlich gibt es auch Festzelte, die der Öffentlichkeit frei zugänglich sind, und gleich neben dem Festgelände befindet sich der Jahrmarkt, genannt die Calle del Infierno (Höllenstraße). Dort findet man zahlreichen Karussells, Essens- und Getränkestände.

Auch die Corridas (Stierkämpfe), die jeden Nachmittag während dieses Festes auf der Plaza de la Maestranza stattfinden, sind eine Attraktion. Eintrittskarten sind allerdings knapp und sollten schon von zu Hause aus erworben werden.

Während der Festtage tragen die Besucher die typisch andalusischen Trachten, die Frauen, 'Las Flamencas' genannt, bunten Rüschenkleider, die Männer begleiten ihre Dame selbst bei größter Hitze in eleganten Anzügen. So angetan bevölkern sie die Stadt und das Festgelände zu Pferd oder in reich geschmückten Kutschen.

Nach einer Woche klingt die Fiesta sonntags um Mitternacht mit einem großen Feuerwerk wieder aus.

## Fronleichnam

60 Tage nach Ostern ziehen an Corpus Christi (Fronleichnam) noch einmal acht festlich geschmückte Pasos aus der Kathedrale durch die Altstadt (siehe Semana Santa).

## Seises – singende und tanzende Knaben

In einem silbernen Sarkophag unter dem Altar in der Kathedrale ruhen die angeblich unversehrten Reste des christlichen Eroberers Sevillas, Fernando III. El Santo. In den Seitennischen sind weitere Könige und Prinzen beigesetzt. Vor diesem Altar singen und tanzen zu drei Festen im Jahr die seises, eine Gruppe von ursprünglich sechs, heute zehn Knaben, nach einem seit 1439 festgelegten Ritual in historischer Tracht.

Jeweils um 17.30 Uhr an den drei Tagen vor Ascher-
mittwoch, in der Fronleichnamswoche und vom 8. bis
15. Dezember.

## Bienale de Flamenco

Sevilla gilt als Wiege des Flamenco. Diese künstleri-
sche Darbietung in drei Gattungen: Gesang, Gitarre
und Tanz - hat sich aus der Kultur der Zigeuner, Juden
und Moslems entwickelt und weit über die Grenzen
Sevillas und Spaniens hinaus seine Anhänger gefunden. In den geraden Jahren treffen sich in Sevilla im
September die berühmtesten Flamencotänzer, -sän-
ger und –gitarristen zur 'Bienale de Flamenco'. Es ist
nach dem Festival in Jerez das wichtigste Flamenco-
fest Spaniens.

# Sonstiges

## Internetcafés & WLAN, Strom

An der Plaza de San Francisco kann man kostenlos das Internet nutzen, auch das Centro Comercial Zona Este (Avenida Alcalde Luis Uruñuela) hat eine WLAN-Zone.

Internetcafés gibt es überall, z.B. in der Hauptpost an der Avenida de la Constitución.

Für den Laptop braucht man einen Westernstecker bzw. einen Adapter!

Die Netzspannung beträgt in Spanien wie in ganz Europa 230 Volt Wechselstrom, Steckeradapter sind kaum mehr nötig. Die flachen Europanormstecker passen in die spanischen Steckdosen. Daneben die Schuko-Stecker nach CEE 7/7. Deutsche und Österreicher brauchen für Spanien also keine Adapterstecker, Schweizer hingegen schon.

## Telefon & Handy

Vorwahlen aus Spanien: Nach Deutschland 0049, Österreich 0043, Schweiz 0041, dann die Ortsvorwahl ohne die erste Null.

Bei Anrufen nach Spanien wählen Sie 0034 vor und dann ohne Vorwahl direkt die vollständige, neunstellige Nummer.

Festnetznummern beginnen mit 9, Handynummern mit 6.

Telefonzellen (cabinas) funktionieren mit Münzen und Telefonkarten (tarjetas telefónicas), die es an Kiosken und in Tabakläden gibt.

## Klima & Reisezeit

Die Jahresdurchschnittstemperatur liegt bei 19° C., dabei wird an den kältesten Tagen im Januar eine mittlere Tagestemperatur von 16° C gemessen, und nur selten sinkt die Nachttemperatur unter den Gefrierpunkt. Die Temperatur im Sommer hingegen überschreitet die 40°-Marke regelmäßig, und es wurden sogar schon Temperaturen von 48,0° C erreicht. Damit ist Sevilla die heißeste Stadt Europas. Während der Regenzeit von Oktober bis April wird eine Niederschlagsmenge von 600 bis 800 mm gemessen, dabei ist der Dezember der niederschlagsreichste Monat.

Am schönsten ist Sevilla im Frühjahr, wenn die Orangenblüten blühen. Dann breitet sich ihr Duft über die ganze Stadt aus, es herrschen angenehme Temperaturen, und die großen Feste 'Semana Santa' in der Karwoche und 'Feria' im April bieten zusätzlich ein unvergessliches Spektakel.

Von Juni bis Mitte September ist es oft über 40 Grad heiß und kühlt auch nachts selten unter 20 Grad ab. Zu dieser Zeit ist in Sevilla das Nachtleben angesagt.

Der Herbst ist mild und kann regnerisch sein. Zur Adventszeit ist Sevilla lichtergeschmückt, und über der ganzen Stadt hängt ein Duft von Weihrauch und Orangen.

**Tipp:** Wer zu dieser Zeit ein Zimmer in Sevilla bucht, sollte unbedingt darauf achten, dass es beheizbar ist, denn die Nächte sind dann kühl und klamm.

## Währung und Bank

Die Währung ist der Euro. Geldautomaten sind flächendeckend vorhanden. Die Bankkarte (Maestro oder V PAY) sowie die meisten gängigen internationalen Kreditkarten werden als Zahlungsmittel in den meisten Geschäften akzeptiert.

Öffnungszeiten der Banken: Mo-Fr 8.30/9.00 - 14.00/14.30 Uhr.

## Einkaufen und Souvenirs

Farbenpracht und Fröhlichkeit der Stadt spiegeln sich in den Souvenirs wider. Die Andenkenläden im Zentrum bieten Fächer, Hüte, Spitzenmantillen, bestickte Tücher, Kastagnetten, Puppen, Keramik und kunsthandwerkliche Lederwaren an.

Auch shoppen lässt sich in Sevilla gut. In den klimatisierten Shoppingmalls und großen Kaufhäusern wie z.B. dem 'El Corte Inglés' bekommt man so gut wie alles, und es lässt sich auch bei großer Hitze gut aushalten. Souvenirs wie Käse, Sherry oder andalusischen Schinken hervorragender Qualität und Auswahl erhält man dort ebenfalls.

Sehr schön ist die Shoppingmall an der Plaza der Armas in einem ehemaligen Bahnhof. Eine andere liegt an der Nervión Plaza an der Calle Luis de Morales nahe dem Santa-Justa-Bahnhof. Die beliebteste Einkaufsmeile ist die Calle Sierpes mit Läden vieler internationaler Labels. Doch auch viele kleine Läden, teils an die 100 Jahre alt, findet man in dieser Straße.

Auf der anderen Flussseite, in Triana (Calle Castilla und Seitengassen), kann man in kleinen Werkstätten und Geschäften sevillanisches Kunsthandwerk erwerben. Schuhe kauft man am besten in der Calle

Córdoba, Schmuck und Accessoires in der Calle Alcaicería.

Auf der Plaza Duque de la Victoria findet Mittwoch und Sonntag vormittags ein Flohmarkt statt.

Immer sonntags gibt es eine Freilicht-Kunstausstellung auf der Plaza del Museo neben dem „Museo de Bellas Artes" im Stadtzentrum. Hier kann man Gemälde und Zeichnungen von einheimischen Künstlern erstehen, die ihre unterschiedlichen Werke zu den unterschiedlichsten Preisen anbieten.

## Öffnungszeiten

Die üblichen Öffnungszeiten für Geschäfte sind Mo bis Sa von 9.30 bis 14 und nach der Siesta von 17.30 bis 21.30 Uhr. Kaufhäuser, Ladenketten und die meisten Museen öffnen für gewöhnlich erst um 10 Uhr und haben meist durchgehend geöffnet, lediglich die kleinen traditionellen Läden schließen über die Mittagszeit. Zweimal im Jahr gibt es einen Schlussverkauf. Einmal Mitte Januar bis Ende Februar und im Sommer von Anfang Juli bis Ende August.

Öffnungszeiten touristischer Einrichtungen sind im Allgemeinen zwischen 9:30 und 19:00. Manche Sehenswürdigkeiten und Museen schließen über Mittag

(Siesta). Am 1. und 6. Januar, am 20. und 22. März, am 26. Mai, am 15. August und am 8. und 25. Dezember haben die meisten Einrichtungen geschlossen. Eintrittspreise bewegen sich zwischen 4 und 15 Euro.

## Essen und Trinken

Ein sehr erfrischendes Gericht an heißen Sommertagen ist die Gazpacho, eine kalte Gemüsesuppe mit Tomaten und Gurken. Wer es etwas Herzhafter liebt, wählt die kräftig mit Knoblauch gewürzte Gemüsesuppe Salmorejo. Auch frittierter Fisch zählt zu den Spezialitäten Sevillas. Für den kleinen Hunger zwischendurch eignen sich Tapas, die berühmten kleinen, kalten oder warmen Häppchen, die übrigens ihren Ursprung in Sevilla haben. Man bestellt sie zusammen mit einem Bier, dem herben, andalusischen Weißwein Vino fino oder einem Sherry aus der Region. Zu empfehlen sind auch die Tortillitas de bacalao - luftige, mit Kabeljau kombinierte Eieromelettes.

Doch auch süße Spezialitäten aus Sevilla, zumeist maurischen Ursprungs, sollte man einmal kosten, zum Beispiel Cortadillos de cidra of Santa Inés, Pestiños, Tortas de Aceite, Torríjas oder Yemas, die berühmten kandierten Eigelbe von San Leandro.

72

**Trinkgeld:** Die Bedienung gibt immer das Wechselgeld zurück. War man zufrieden, lässt man ein Trinkgeld liegen. In Restaurants fünf bis zehn Prozent, in Bars und im Taxi etwas Kleingeld.

### Einreisebestimmungen und Zoll

Es besteht Ausweispflicht! Für einen Aufenthalt bis zu 3 Monaten genügen der Reisepass oder der Personalausweis. Bei Kindern unter 16 Jahren werden der Kinderreisepass, der Reisepass, der Personalausweis und der Kinderausweis (mit Foto) anerkannt.

Minderjährige unter 18 Jahren, die alleine oder in Begleitung von nicht erziehungsberechtigten Erwachsenen reisen, müssen eine Einverständniserklärung der Erziehungsberechtigten mitführen! Sie muss beinhalten, dass die Erziehungsberechtigten mit der Reise einverstanden sind, an welchen Orten sich der Minderjährige aufhalten darf und welche Person vor Ort für ihn verantwortlich ist. Die Einverständniserklärung muss auch in spanischer Sprache verfasst und beglaubigt sein. Detaillierte Hinweise dazu unter www.spanien.diplo.de

Auf der Seite des Auswärtigen Amts (Länderinformationen / Spanien) finden Sie weitere wichtige Reiseinfos, die Sie lesen sollten.

## Zollbestimmungen

Zollfrei **nach Spanien eingeführt** werden dürfen für den Eigenbedarf 800 Zigaretten, 400 Zigarillos, 200 Zigarren, 1 kg Rauchtabak, 10 l Spirituosen, 20 l andere alkoholische Getränke bis 22 Prozent Alkoholgehalt, 90 l Wein (davon max. 60 l Schaumwein) und 110 l Bier.

Achtung: Die Mitnahme von Waffen ist verboten!

Bei der Einreise aus Nicht EU-Ländern oder für mitgeführte Genussmittel aus Duty-Free-Shops gelten folgende Mengen: Tabakwaren (ab 17 Jahre): 200 Zigaretten oder 100 Zigarillos oder 50 Zigarren oder 250 g Tabak (oder entsprechende Teilmengen, z. B. 100 Zigaretten und 50 Zigarillos). Alkohol (ab 17 Jahre): 1 l Spirituosen über 22 Vol.-% Alkoholgehalt oder 2 l Spirituosen und andere alkoholische Getränke bis 22 Vol.-% (oder entsprechende Teilmengen) und 4 l nicht schäumender Wein sowie 16 l Bier.

Darüber hinaus dürfen auf dem Luft- oder Seeweg Geschenke und Waren zum persönlichen Ge- und Verbrauch, einschließlich Parfüm, Kaffee und Tee bis zu einem Wert von 430 Euro zollfrei eingeführt werden. Reisende unter 15 Jahren dürfen grundsätzlich nur Waren im Wert von bis zu 175 Euro mitführen.

Bei Mitführung größerer Barbeträge empfiehlt sich grundsätzlich eine Anmeldung bei der Einreise, egal in welches Land.

Zollfrei **nach Deutschland eingeführt** werden können im großen Grenzverkehr (mehr als15 km von der Grenze entfernt) 800 Zigaretten,  400 Zigarillos (Zigarren mit einem Höchstgewicht von 3 g pro Stück) oder 200 Zigarren oder 1 kg Tabak.

Bei Getränken sind 10 kg Kaffee, 110 l Bier, 90 l Wein, 20 l Likör erlaubt.

Wer mit unerlaubten Mengen vom deutschen Zoll angehalten wird, muss nicht nur die Steuer nachbezahlen, die Ware wird beschlagnahmt und vernichtet!

Verbote oder Beschränkungen bestehen für Artengeschützte Tiere / Arzneimittel / Drogen / gefährliche Hunde (Kampfhunde), Haustiere und tierische Produkte / Lebensmittel / Waren, die den Tatbestand der Produkt- oder Markenpiraterie erfüllen / sanitärer Pflanzenschutz / Schriften mit verfassungswidrigem Inhalt / Pornografie / Waffen und Munition (Sportschützen, Jagdwaffen usw.) / Feuerwerkskörper. Achtung, bei Einfuhr von nicht zugelassenen Feuerwerkskörpern wird ein Strafverfahren eingeleitet! Zugelassene Feuerwerkskörper (Kleinfeuerwerke der Klasse P I und P II) sind bei der Einfuhr stets anzumelden. Die Einfuhr von Feuerwerkskörpern der Klasse P II ist grundsätzlich nur in der Zeit vom 28., bzw. 29. bis 31. Dezember zulässig.

Mehr darüber auf der Seite des Zolls.

Für Schweizer gelten andere Höchstmengen, siehe: www.zoll.admin.ch

# Was tun wenn ...?

# Telefonnummern und Adressen für allerhand Notfälle

Notruf - Polizei, Feuerwehr, Rettungswagen: Tel. 112
Fundbüro - Manuel Vázquez Sagastizábal | Tel. +43 954420202

# Autopanne

Real Automovil Club de Espana (RACE), Tel. 9 02 40 45 45

**ADAC** - bei Fahrzeugschaden telefon-icon.gif   +49 89 22 22 22

bei Erkrankung und Verletzung telefon-icon.gif   +49 89 76 76 76

In vielen Urlaubsländern betreibt der ADAC eigene Notrufstationen mit deutschsprechenden Mitarbeitern. An diese werden Sie automatisch von der Zentrale in München weiterverbunden.

Auch für Gehörlose und Sprachbehinderte hat der ADAC einen speziellen Service eingerichtet: Unter der Faxnummer +49 8191 938 303, die auch per SMS vom Handy aus angewählt werden kann, ist rund um die Uhr schnelle Hilfe sichergestellt. Falls Sie kein modernes Handy haben, müssen Sie folgende Nummer wählen:

D1 (T-Mobile) + 49 99 08191 938 303

D2 (Vodafone) + 49 99 08191 938 303

O2 (Viag Interkom) + 49 329 08191 938 303

E-Plus + 49 1551 08191 938 303

**ÖAMTC** - Tel: +43 12512000 – Notruf und Rechtsberatung.

**TCS** - Dringende Assistance-Anfragen rund um die Uhr: Einsatzzentrale ETI **/** Chemin de Blandonnet 4 / CP 820 1214 Vernier / Tel +41 58 827 22 20 / Fax +41 58 827 50 12 / email: eti@tcs.ch
Bei einem medizinischen Notfall im Ausland unverzüglich die ETI Einsatzzentrale benachrichtigen!

## Falls Ihre Geldkarte verloren ging

Für Deutsche gibt es einen allgemeinen Sperr-Notruf, der aus dem In- und Ausland unter der Nummer (0049) 116 116 erreichbar ist. In Fällen, in denen der ausländische Telefonanbieter diese Nummer nicht verarbeiten kann, steht alternativ die 0049 3040504050 zur Verfügung. Sprach- oder Hörgeschädigte können unter der gleichen Nummer auch eine Sperrung per Fax veranlassen.
Speziell für Euro/Mastercard sperren unter Tel. 0049-69-79331910
oder im Notfall als R-Gespräch 001-314-275-6690
Speziell für Visa sperren unter Tel. 800-819-014
oder im Notfall als R-Gespräch 001-303-967-1096

**Schweizer** wenden sich bei Verlust oder Diebstahl von Karten, Dokumenten oder Handys (SIM-Karte) oder bei Zwischenfällen rund um Autoschlüssel und -radios an die Telefonnummer +41 58 827 22 20 (rund um die Uhr)

Die Telefonnummern für verlorene Kreditkarten in

**Österreich**

Visa: +43 1171111-770

Pay Life: +43 1717014500

## Im Krankheitsfall

Wer ins Ausland reist, sollte für Notfälle immer seine Europäische Gesundheitskarte EHIC mit sich führen, erhältlich bei der Krankenkasse. Auch ein Auslandsschutzbrief ist sinnvoll. Im Notfall geht man am besten in eine Krankenhaus-Notaufnahme (urgencia). Das Hospital Virgen del Rocío (Avenida Manuel Siurot, Tel. +43 955012000) ist Sevillas renommiertestes Krankenhaus.

Bei Zahnschmerzen ist man besser bei einem privaten Zahnarzt (dentista) aufgehoben.

## Konsulate

Deutsches Konsulat Sevilla  - Fernández y González, 2-2°, Edificio Allianz (Plaza Nueva) / Im Internet unter 'Deutsche Vertretung in Spanien' / Tel.+43 954230204 In Notfällen +43 620756517

Österreichisches Konsulat Sevilla - Cardenal Ilundáin 18 | Edificio 1-5° F / Tel. +43 954987476 / Internet: http://www.bmeia.gv.at/

Schweizer Konsulat Algeciras - Coronel Ceballos, Entreplanta C, Algeciras / Tel. +43 687471331 / Internet: www.eda.admin.ch

# Nützliche Vokabeln

Ja – Sí - Nein - No

Vielen Dank - Muchas gracias

Guten Morgen/ Tag - Buenos días

Guten Tag/ Guten Abend - Buenas tardes

Gute Nacht (zur Begrüßung und zum Einschlafen) - Buenas noches

Hallo - Hola

Auf Wiedersehen - Adios

Bis später - Hasta luego

Frau / Dame - Señora

Fräulein - Señorita

Entschuldigen Sie, Herr... - Perdón, señor...

Sprechen Sie Deutsch? - Habla usted alemán

Sprechen Sie Englisch? - Habla usted inglés

Entschuldigung / Verzeihung - Lo siento

Kann ich Sie etwas fragen? - Una pregunta, por favor?

Könnten Sie mir vielleicht helfen? - Podría ayudarme?

Wo ist...? - Dónde está...?

Wer? - Quién? / Mehrzahl - Quiénes?

Was? - Qué?

Wo? - Dónde?

Wo ist...? - Dónde esta...?

Wie viel kostet das? - Cuánto cuesta?

# Weitere Bücher aus unserem Verlag

## Reiseführer

Cres und Losinj
ISBN Buch: 978-3-946280-54-5
ISBN E-Book: 978-3-946280-53-8
ASIN: B07B8NRDL2

Kreuzfahrt Madeira & Kanaren
ISBN Buch: 978-3-946280-26-2
ISBN E-Book: 978-3-946280-34-7
ASIN: B01F3STFFE

Krk -
ISBN Buch: 978-3-946280-17-0
ISBN E-Book: 978-3-946280-12-5
ASIN: B017WDI53G

Sevilla -
ISBN Buch: 978-3-946280-22-4
ISBN E-Book: 978-3-946280-09-5
ASIN: B015WKTK8K

Amsterdam –
ISBN Buch: 978-3-946280-21-7
ISBN E-Book: 978-3-946280-04-0
ASIN: B015WKTX8W

Salzburg -
ISBN Buch: 978-3-946280-24-8
ISBN E-Book: 9783946280019
ASIN: B0158B5ZC

Kopenhagen -
ISBN Buch: 978-3-946280-25-5
ISBN E-Book: 978-3-946280-03-3
ASIN: B015D045U2

Avignon -
ISBN Buch: 978-3-946280-49-1
ISBN E-Book: 978-3-946280-48-4
ASIN: B074C61QS5

München –
ISBN Buch: 978-3-946280-28-6
ISBN E-Book: 978-3-946280-29-3
ASIN: B01NH9HJPM

Prag -
ISBN Buch: 978-3-946280-20-0
ISBN E-Book: 978-3-946280-08-8
ASIN: B015WKTUNU

Venedig -
ISBN Buch: 978-3-946280-19-4
ISBN E-Book: 978-3-946280-10-1
ASIN: B015WKU1I8

Nürnberg -
ISBN Buch: 978-3-946280-18-7
ISBN E-Book: 978-3-946280-00-2
ASIN: B015WKTUNU

Danzig -
Buch - ISBN: 978-3-946280-23-1
ISBN E-Book: 978-3-946280-06-4
ASIN: B015WKTRA6

Trier –
ISBN Buch: 978-3-946280-36-1
ISBN E-Book: 978-3-946280-35-4
ASIN: B01IDCGDES

# Ratgeber zur Lebensbewältigung

**Von Trennung, Tod und Trauer – Angeline Bauer**
ISBN Printausgabe: 978-3-946280-32-3
ISBN E-Book: 978-3-946280-02-6
ASIN: B015D045U2

**Angst überwinden und stark sein – Angeline Bauer**
ISBN Printausgabe: 978-3-946280-31-6
ISBN E-Book: 978-3-946280-05-7
ASIN: B015WKTRYW

**So finde ich mein Glück – Angeline Bauer**
ISBN Printausgabe: 978-3-946280-30-9
ISBN E-Book: 978-3-946280-07-1
ASIN: B015WKTWRY

# 'Lesefutter' aus unserem Verlag

**Perle aus der Hundefabrik – Angeline Bauer**
Acht berührende Hundegeschichten
ISBN E-Book: 978-3-946280-74-3
ISBN Buch: 978-3-946280-75-0  /  ASIN:  B0BKH23GK9

**Können Igel fliegen?**
**Alles, was Kinder über Igel wissen wollen**
**Angeline Bauer**
ISBN E-Book 978-3-946280-68-2
ISBN Buch 978-3-946280-69-9  /  ASIN:B094NGBW6J

**Oje, du fröhliche … - Friederike Costa**
Vierzehn Weihnachtsgeschichten
ISBN E-Book: 978-3-946280-16-3 / ASIN: B018UJZF8E

**Liebe süß und scharf – Friederike Costa**
13 Kurzgeschichten mit Rezepten
ISBN E-Book: 9783946280422  / ASIN: B01N7K6FQN

**Im Feuer der Liebe – Lina-Sophia Clement**
Historischer Liebesroman
ISBN E-Book: 978-3-946280-52-1 / ASIN: B075CMT4X8

**Die Liebe einer Königin – Lina-Sophia Clement**
Acht historische Kurzromane
ISBN E-Book: 978-3-946280-55-2 / ASIN: B07CK7MSVT

**Schokolade für die Liebe – Lina-Sophia Clement**
Sieben historische Kurzromane
ISBN E-Book: 978-3-946280-56-9 / ASIN: B07F6XZ7KF

**Tausend Sterne über der Wüste – Lina-Sophia Clement**
Acht historische Kurzromane
ISBN E-Book: 978-3-946280-57-6 / ASIN: B07K6JDNNL

**Die Tanztruppe vom dritten Stern rechts - Angeline Bauer**
Jugendbuch – Ballett
ISBN Buch: 978-3-946280-73-6
ISBN E-Book: 978-3-946280-72-9  / ASIN:  B0B8VSRR31

**Cognac mit Schuss - Ronda Hendrikus**
Acht Ladykrimis für zwischendurch
ISBN E-Book: 978-3-946280-15-6 / ASIN: B018K9SH16

**Seine letzte Bahnfahrt - Ronda Hendrikus**
Neun Ladykrimis Ladykrimis für zwischendurch
ISBN E-Book 978-3-946280-63-7 / ASIN: B088HGHVB6

**Geliebter Mörder - Ronda Hendrikus**
ISBN E-Book: 978-3-946280-14-9 / ASIN: B018K9SV76